グロリア・スタイネム
Gloria Steinem

信念は社会を変えた!

ジェフ・ブラックウェル&ルース・ホブデイ／編　橋本 恵／訳

NELSON MANDELA
FOUNDATION
Living the legacy

Interview and photography
Geoff Blackwell

グロリア・スタイネム

ネルソン・マンデラと、その遺志《いし》に捧《ささ》ぐ

普通《ふつう》の人々《ひとびと》は賢《かしこ》い。

賢《かしこ》い人々《ひとびと》は普通《ふつう》だ。

決断は、賢《かしこ》い普通《ふつう》の人々《ひとびと》の声を

反映《はんえい》できる者が下すのが一番良い。

そして人間は、

そうした周囲の声に応《こた》える無限の能力を

持っている。

序章

グロリア・スタイネムは、人生の大半を旅に費《つい》やしてきた。子どもの頃《ころ》は両親と姉と共に車やトレーラーで生活しながら、アメリカを縦横《じゅうおう》に移動した。学校とは無縁《むえん》の生活で、人生設計もなく、路上の生活が当たり前の毎日だった。一家の生活は、旅の途上《とじょう》で父親が骨董品《こっとうひん》を売って稼《かせ》ぐお金で支えられていた。

この子どもの頃《ころ》の経験が、スタイネムのアイデンティティを決定づけた。回顧録《かいころく》『My life on the Road（「我《わ》が路上の人生」未訳《やく》）』の中で、次のように書いている。「旅に出ることで——つまり、旅に身をゆだねることで——人生観が変わった。旅では、厄介《やっかい》なことが色々《いろいろ》起こる。それは、人生も同じだ。旅は人を、逃避《とうひ》から現実へ、理屈《りくつ》から実践《じっせん》へ、警戒《けいかい》から行動へ、データから事実へ、導いてくれる。ひと言で言えば、人を頭から心へ、導いてくれるのだ[*1]」

さらに旅での経験は、若《わか》き日のスタイネムを、一生貫《つらぬ》くことになる信念へと導いた。それは「人間は社会的地位に関係なく、すべて平等」という信念だ。「家族とは、形ではなく、中身を指す。人間はランク付けなどせず、リンクしてつながるべきだ[*2]」

スタイネムは二十代の初めに研究奨学金《しょうがくきん》でインドへ旅行し、二年間滞在《たいざい》した。そのインドでガンジー主義の現場を目《ま》の当たりにし、村の人々《ひとびと》が輪になって対話するトーキング・サークルという習わしを知った。そこではすべての人が平等な立場で参加し、たがいに精神と心を開いてつながり合えるよう、他人の意見を聞き、理解し、尊重《そんちょう》することを学んでいた。

それは、人生を決定づける体験となり、スタイネムは生涯《しょうがい》を通じて、インドで学んだこの対話術を何度も使うことになる。

いっぽうインド滞在《たいざい》中に、ジャーナリストとしてのキャリアも積み始め、アメリカに帰国後にチャンスが巡《めぐ》ってきた。フリーランスの立場で、『エスクァイア』『ショー』『コスモポリタン』といった主要な雑誌《ざっし》に寄稿《きこう》するようになったのだ。一九六三年には、ヒュー・ヘフナー（訳注《やくちゅう》：アメリカの実業家。『プレイボーイ』誌《し》の発刊者）が設立した高級クラブ〈プレイボーイクラブ〉に潜入《せんにゅう》取材を強行し、ルポルタージュ『A Bunny's Tale』（『プレイボーイ潜入《せんにゅう》記』三笠書房《みかさしょぼう》、一九八五年）を公表した。このルポルタージュで、〈プレイボーイクラブ〉のホステスが日々《ひび》さらされている「女性の性の商品化」とハラスメント（訳注《やくちゅう》：他者に対して不快感をあたえる行為《こうい》）を暴露《ばくろ》したことで、スタイネムは注目を浴びた。数年後、『ニューヨーク・マガジン』

に『After Black Power, Women's Liberation（ブラック・パワーの次は女性解放）』（訳注《やくちゅう》：ブラック・パワーとは、一九六〇年代、黒人差別への抵抗《ていこう》運動のスローガン）という記事を寄稿《きこう》した時点で、スタイネムはアメリカの最も有名なフェミニズム（訳注《やくちゅう》：女性解放思想）活動家としての地位を確立した。

スタイネムがキャリアを追求する時期には、女性解放運動も本格化していった。一九七二年には、児童福祉《ふくし》を提唱《ていしょう》するドロシー・ピットマン・ヒューズとともに雑誌《ざっし》『Ms.（ミズ）』を創刊《そうかん》した。長年の慣行だった「ミス（未婚《みこん》女性）」と「ミセス（既婚《きこん》女性）」の隙間《すきま》を埋《う》める雑誌《ざっし》として、『ミズ』は女性による、女性のための、画期的な雑誌《ざっし》だった。しかし男性が長年独占《どくせん》してきた業界で、人員も資金も編集もすべて女性が担《にな》う雑誌《ざっし》を創刊《そうかん》するのは至難《しなん》の業《わざ》で、無数の壁《かべ》が立ちはだかった。それでも、苦労は報《むく》われた。見本誌《し》はわずか八日で売り切れ、数週間のうちに二万六千件を超《こ》える購読《こうどく》予約が入ったのだ。読者は、さらなる情報を求めていた。『ミズ』は、家庭内暴力やセクハラといった社会問題に紙面を割《さ》き、一九二三年に議会に提出された男女平等憲法《けんぽう》修正条項《じょうこう》に公然と賛同し、妊娠《にんしん》中絶の合法化を支持する女性たちの声を取り上げることで、アメリカの草分け的な雑誌《ざっし》となった。女性が直面している問題を取り上げることで、女性が初めて自分の意見を表明できる独自の場を提供《ていきょう》したのだった。

スタイネムは注目度が高まるにつれて、自分の声をさまざまなメディアで張り上げ、職場や家庭、教育機関や日常生活における女性の権利《けんり》や、生殖《せいしょく》に関する自由、人種差別撤廃《てっぱい》といった多くの問題の解決に向けて、積極的に活動するようになった。そして、すべての人間は、人種や年齢《ねんれい》、性別や社会的地位に関係なく平等であり、そのように扱《あつか》われるべきだという信念を、繰《く》り返し表明した。「普通《ふつう》の人々《ひとびと》は賢《かしこ》い。賢《かしこ》い人々《ひとびと》は普通《ふつう》だ。決断は、賢《かしこ》い普通《ふつう》の人々《ひとびと》の声を反映《はんえい》できる者が下すのが一番良い。そして人間は、そうした周囲の声に応《こた》える無限の能力を持っている」と、回顧録《かいころく》に記している。[*3]

しかもスタイネムは、自分の意見や価値観《かちかん》を話すだけでなく、実現に向けて行動した。『ミズ』創刊《そうかん》に先駆《さきが》けて、一九七一年、三百人以上の女性とともに、「全国女性政治リーダー会議」を共同で立ち上げたのだ。この組織は現在も活動中で、連邦《れんぼう》議会の女性議員を支援《しえん》し、研修などを行っている。一九七七年にはベラ・アブズグ下院議員（訳注《やくちゅう》：アメリカの女性解放運動活動家。

元下院議員。一九九八年没《ぼっ》）とともに、テキサス州ヒューストンで開催《かいさい》された連邦《れんぽう》女性会議にオーガナイザーとして関《かか》わった。この会議では二万人を超《こ》える参加者が、外交政策《せいさく》や教育改革《かいかく》、児童福祉《ふくし》などについて論《ろん》じ合い、全米の注目を集めた。それ以上に、この会議は女性を団結させた点で意義があった。

スタイネムはその後も続いた旅――文字通りの旅と、比喩《ひゆ》的な意味の旅の両方――で、自分の旅は終わるどころか、一生終わりそうにないことに気づいた。「(フェミニズム) 運動を始めたころは、数年間続けたら、元の生活に戻《もど》るだろうと思っていた」と、『ミズ』に寄稿《きこう》している。「しかし、過去の様々《さまざま》な社会運動がそうであったように、この運動も二、三年関《かか》わるだけでは済《す》まないことがわかってきた。私《わたし》たちは、一生、命がけで関《かか》わることになるだろう。この運動の旅の道のりは、壮大《そうだい》な歴史を振《ふ》りかえるまでもない。いまよりも不完全だった過去の自分を振《ふ》りかえるだけでいい」[*4]

その言葉通りスタイネムは、二十世紀が終わり、二十一世紀を迎《むか》えても、運動を組織化するオーガナイザーとしてのライフスタイルを続けている。一九九二年には、妊娠《にんしん》中絶の合法化を支持する人々《ひとびと》をまとめるために、Choice USA（現在はURGE: Unite for Reproductive & Gender Equity 生殖《せいしょく》と男女同権《どうけん》のための連帯）を共同で立ち上げ、今も積極的に政治活動を続けている。

八十五歳《さい》のスタイネムは、現在もあちこち飛びまわり、男女同権《どうけん》を推進《すいしん》するために、様々《さまざま》な組織をまとめている。回顧録《かいころく》『My life on the Road』の中で、スタイネムは読者に、旅を——長い旅でも、短い旅でも——強く勧《すす》めている。旅といっても、実際にどこかに出かけなくてもいい。ある国の歴史や文化、ある人物の歴史をたどるといった比喩《ひゆ》的な旅もある。スタイネムは今も、その両方の旅を続けている。

スタイネムは、ひと所にとどまらない放浪者《ほうろうしゃ》と言っていい。その仕事は、まだ終わっていない。

相手と信頼《しんらい》関係を築くには、

誠実《せいじつ》さと自分らしさを貫《つらぬ》く姿勢《しせい》が

欠かせません。

信頼《しんらい》関係がなければ、何をやってもだめです。

プロローグ

私《わたし》たちは、最も重要とされることをするよりも、自分にできることを全うすることを、もっと気に掛《か》けるべきです。権力《けんりょく》のある人々《ひとびと》は、話すのと同じくらい聞くことを覚え、権力《けんりょく》のない人々《ひとびと》は、聞くのと同じくらい話すことを覚えなければなりません。実を言うと、現在の行動のどれが将来《しょうらい》の大きな変化につながるのかは、わかりません。けれども、すべての行動が将来《しょうらい》につながると思って行動することはできます。

人物をあらわす名詞《めいし》に形容詞《けいようし》をつけるかつけないかといったささいなことでも、人間のランク付けに立ち向かうことができます。たとえば、白人の異性愛《いせいあい》者の男性を除《のぞ》くすべての人間は、女性作家、黒人医師、ゲイの候補《こうほしゃ》者、レズビアンの候補《こうほしゃ》者といったように、いまだに形容詞《けいようし》がつけられる傾向《けいこう》があります。集団のカラーを主張するためには形容詞《けいようし》が必要なのかもしれませんが、対照的に、権力者《けんりょくしゃ》は名詞《めいし》のみです。権力者《けんりょくしゃ》にも形容詞《けいようし》をつけることで、その裏《うら》にある政治的な意図をあぶりだすことができます。それでいくと、フィリップ・ロス（訳注《やくちゅう》：アメリカの現代文学を代表する小説家のひとり）は「作家」ではなく「男性作家」、ドナルド・トランプは「不動産開発業者」ではなく「白人の不動産開発業者」（訳注《やくちゅう》：本スピーチは二〇一三年で、トランプの大統領就任《しゅうにん》前のもの）となります。ハリウッドで日常生活を扱《あつか》った映画《えいが》は「チック・フリック（女性向けの映画《えいが》）」と軽《かろ》んじられていますが、それならば、日常の死を扱《あつか》った映画《えいが》を「プリック・フリック（男性向けの映画《えいが》）」と呼《よ》ぶことにしてはいかがでしょう。

意識《いしき》を変えるのに、事の大小は関係ないのです。

みんなで一致《いっち》団結して、ピラミッド型や階層《かいそう》制の社会から、サークル型の社会へ、変えていきましょう。人間はランク付けで分けられるのではなく、リンクしてつながるべきです。人間と環境《かんきょう》問題も、地球全体の問題ととらえることで、リンクするべきです。

ただし、目的を達成するために、どんな手段《しゅだん》も許されるわけではありません。目的と手段《しゅだん》は、表裏《ひょうり》一体。そのことを、どうかお忘《わす》れなく。目的と手段《しゅだん》は同じです。もしダンスと笑い、友情と温情のある将来《しょうらい》を作りたければ、実現する手段《しゅだん》にもダンスと笑いと友情と温情が必要です。

事の大小に関係なく、それで良いのです。

いまだに階層《かいそう》制から抜《ぬ》けきれない社会で、高齢層《こうれいそう》に入った私《わたし》は、「後継者《こうけいしゃ》にバトンタッチするのか」と、よく聞かれます。そういう時は、「自分のバトンは渡《わた》しませんよ、おあいにくさま。私《わたし》のバトンを、他の人に分けていくんです」と、説明しています。
なぜなら、ひとりひとりがバトンを持って初めて、世の中が明るいほうへ変わるからです。
二〇一三年十一月十九日、スタイネムが大統領自由勲章《くんしょう》（訳注《やくちゅう》：文民に贈《おく》られる最高位の勲章《くんしょう》）
を受賞する前夜の、記者クラブ（ワシントンＤＣ）でのスピーチより

私《わたし》たちは黙《だま》ることなく、

支配もされることなく、

すべての国家が連携《れんけい》する世界を創《つく》るために

活動します。

「神は細部に宿る」（訳注《やくちゅう》：格言の一つ。本当に素晴らしい技術やこだわりは、目に見えにくいことの譬《たと》え）としたら、

女神《めがみ》は連携《れんけい》に宿るのです。

インタビュー

——あなたにとって本当に重要なことは、何ですか？

困《こま》ったことに、もう、何もかもですよ！　私《わたし》にとって重要なのは、自分らしさを貫《つらぬ》くことと、緊急《きんきゅう》を要することです。共感し合えることと、自分にとって身近に感じられ、かつ自分と他人がつながるために必要なものは重要ですね。

——幼《おさな》い頃《ころ》は、何か夢や目標を持つような子どもでしたか？

私《わたし》が子どもの頃《ころ》は、特にこれといった社会運動はなかったので、そういう面での目標はありませんでした。記憶《きおく》にあるのは、ローズベルト大統領の名前を聞くと、母が歓声《かんせい》を上げたことですね。ローズベルトは、アメリカを大恐慌《きょうこう》（訳注《やくちゅう》：一九二九年のアメリカを皮切りに三〇年代、世界に起こった経済恐慌《けいざいきょうこう》）から救った大統領ですから。なので政府は、それなりに、身近な存在《そんざい》でした。身近に感じられるかどうかが重要なのだということも、わかっていました。

あとは、本の世界に没頭《ぼっとう》していました。ルイーザ・メイ・オルコット*〈一〉とかね。小説家をめざし、南北戦争を背景《はいけい》に女性たちの物語を書いたオルコットは、私《わたし》にとって初めての友だちでした。

子どもの頃《ころ》は、読書と動物に夢中でした。特に子犬と兎《うさぎ》と馬には、夢中になりました。なにかに共感したいけれど、自分が小さすぎて、対象がなかなか見つからないということは子どもには、よくあることだと思います。その点、自分よりも小さい動物なら、感情移入して共感し、助けたり、手伝ってあげたりできますからね。

本当の意味での共感は、本から得られるものではないんですよ。というのも、人間は五感をフルに働かせて初めて、共感をリアルに体験できるからです。読書で人間の感情を学ぶことはできるし、それはとても重要なことですが、生身の人間の感情に触《ふ》れることはできません。人間同士をつなげる効果があって、人類の生存《せいぞん》に不可欠なホルモンのオキシトシン（訳注《やくちゅう》：スキンシップや信頼《しんらい》関係などによってふえるホルモン）は、リアルな共感なしには作りだせないのです。その点、私《わたし》は、両親と動物がいてくれて、本当に良かった。将来《しょうらい》に想像を膨《ふく》らませられたのも、両親に愛され、夢中になれる動物がいたからです。

子どもの頃《ころ》の話をしますとね、学校に通うのはハロウィーンまで。寒くなってくると、父が

「よし、トレーラーハウスに荷物をまとめて、暖《あたた》かいフロリダかカリフォルニアへ行こう」って言うんです。自分とは違《ちが》う映画《えいが》の中の日常生活には、少し憧《あこが》れていましたね。映画《えいが》の中の子どもたちは、柵《さく》で囲まれた家があって、学校に通っていました。かたや私《わたし》は、車の後ろに座《すわ》って読書ばかり。よく母に「ほら！　外を見てごらん」って言われましたが、そのたびに「一時間前に見たわよ」と答えていました。

子どもの頃《ころ》はまともに学校に通っていなかったし、通ったとしても年間でほんの数カ月でした。それが、ある意味、とても重要なことだったと感謝するようになったのは、ようやく大人になってからです。学校に通っていたら意識せずにはいられなかった人種の違《ちが》いを意識せずに育ちましたし、人種差別も刷り込《こ》まれませんでした。でも、いまだに計算が苦手なのは困《こま》りものですけどね。当時は普通《ふつう》の子のようになりたいと思っていましたが、そんな子ども時代を、大人になってからは、貴重《きちょう》な体験だったと思うようになりました。

＊

共感について、あとひと言。私《わたし》の知るかぎり、人は誰《だれ》しも、程度の差こそあれ、共感する力を持っています。たとえば赤ちゃんを抱《だ》っこすると、それが男の赤ちゃんでも女の赤ちゃんでも、かわいいっていう気持ちがあふれてくるのは自然なことですよね。事故を目撃《もくげき》すれば、それが赤の他人だとしても、気の毒に思い、助けたいと思うはず。だから人間は、ぜったい、共感する潜在《せんざい》能力が備わっているんですよ。まあ、一部の人や女性の中には、過度に共感しがちな人もいますけどね。他人の感情は、自分の感情よりも、わかった気になりやすいですから。

私《わたし》は「黄金律《おうごんりつ》」(訳注《やくちゅう》：キリスト教の根本倫理《りんり》)について、よく女性に言うことがあるんですよ。「自分が他人からしてもらいたいと思う行為《こうい》を他人に対してせよ」、という黄金律《おうごんりつ》の教訓は、たしかに素晴《すば》らしいけれど、賢《かしこ》い男が男たちのために書いたものなのよって。女性の場合は、逆だと思うんです。「他人を遇《ぐう》するように、自分のことも遇《ぐう》すること」を、女性は学ぶ必要がありますね。

——手本を見せてもらったり、知恵《ちえ》を授けてもらったりして、特に励《はげ》まされた相手は、これまでにいましたか？

ええ、チェロキー・ネーションの首長を務めたウィルマ・マンキラー*〈ii〉です。チェロキー・ネーションは、元々《もともと》この地にあった国家なんですよ。不幸にも、コロンブスが現れるまではね。チェロキー・ネーションは平等主義が徹底《てってい》していて、ピラミッド型の組織ではなく、サークル型の組織でした。そして数世紀にわたる苦難《くなん》を経て、女性初の首長に選ばれたのが、ウィルマでした。ウィルマ本人は、百パーセント自分らしさを貫《つらぬ》ける、賢《かしこ》くて、ユーモアのある人でしたね。

ウィルマは、私《わたし》たちが学ぶことのない歴史の扉《とびら》も開いてくれたんですよ。（キリスト教のように、唯一《ゆいいつ》の神のみを信仰《しんこう》する）一神論《いっしんろん》や植民地主義がはびこる前の歴史。多種多様な文化が存在《そんざい》していた、わずか六百年前のこの地の歴史です。ウィルマを通して歴史を知る前は、自分の理想は未来に実現するのかもしれないと思っていました。けれど歴史を知って、気づいたんです。「待てよ、私《わたし》の理想は、歴史の中にあるのかもしれない。すでに人間がたどってきた歴史の中にあるのかもしれない」と。たとえば、アフリカのコイサン語族（訳注《やくちゅう》：コイン語族ともいう。舌打ちするように発音される吸着音《きゅうちゃく》を音素としてもつ語族）、インド南端《なんたん》の文化や、私《わたし》たちが政治的な理由で学ぶ機会がなかった古い文化の中に、すでに存在《そんざい》していたのかもしれない、とね。要するに、歴史は単なる過去ではないということです。

ウィルマとは、全米初の女性基金〈女性のためのミズ財団〉で出会って、友だちになりました。ちなみに、私《わたし》が〈女性のためのミズ財団〉を仲間と共同創設《そうせつ》したのは、『ミズ』で大きく稼《かせ》げるという目論見《もくろみ》が外れてしまい、資金を調達しなければならなくなったからなんですよ。で、財団の理事に、先住民族の女性を迎《むか》えたんです。当時、ウィルマのことは知らなかったのですが、ウィルマと同じチェロキー族出身の人類学者レイナ・グリーン*〈ⅲ〉が、ウィルマを推薦《すいせん》してくれました。

ウィルマは、すごく自然で、大地に足がしっかりとついている感じの人でしたね。大地に根を張った大木に出会ったような印象を受けました。お茶目で素敵《すてき》な友だちと出会ったような印象も受けました。実際、その通りの人でしたね。そしてウィルマに出会ったことで、「抑圧《よくあつ》された記憶《きおく》」（訳注《やくちゅう》：自己《じこ》を脅《おびや》かすような強烈《きょうれつ》な体験をすると、生きていくために、その体験を無意識へと追いやること）という言葉の意味が、少しずつわかってきました。過去と現在のつながりや、将来《しょうらい》の可能性について学べたのは、ウィルマのおかげです。

ウィルマとの関係からもわかるように、人は基本的に同質なものからは学べません。異質《いしつ》のものから学ぶのです。人が好奇心《こうきしん》を抱《いだ》く相手は、決まって自分の知らないことを知っていて、かつ誠実《せいじつ》な人ですね。相手と信頼《しんらい》関係を築くには、誠実《せいじつ》さと自分らしさを貫《つらぬ》く姿勢《しせい》が欠かせません。信頼《しんらい》関係がなければ、何をやってもだめです。

＊

私《わたし》は他人とそっくりになりたいと思った経験が一度もありません。けれど他人の行動を見て、同じことをしたいと思った経験はあります。今、思いつくのは、ニューヨークに初めて引っ越《こ》してきた時のこと。マンハッタンの大通りを歩いていて、ふと通りの向こうを見ると、オース

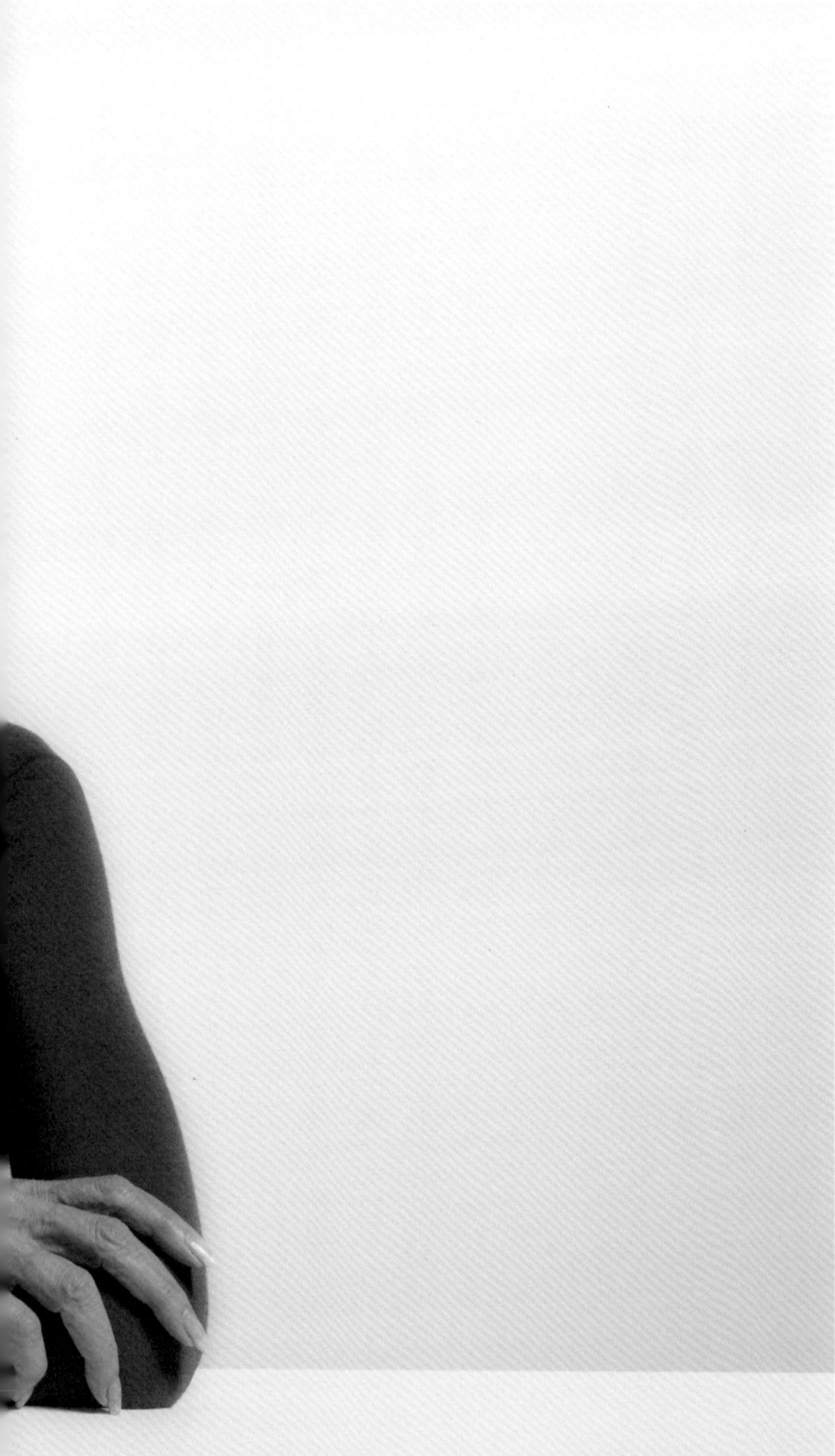

大きな変化につながる

最もシンプルな方法は、

弱い立場の者が聞くのと同じくらい話し、

強い立場の者が話すのと同じくらい聞くこと。

トラリア製オイルクロス（訳注《やくちゅう》：油で防水した布）のロングコートを着て、ブーツを履《は》き、カウボーイハットをかぶった女性が、ハンドバッグを持たずに颯爽《さっそう》と歩いていたんです。ハンドバッグを持っていないところに、強烈《きょうれつ》に惹《ひ》かれたんですよ。その女性を三十秒見ただけで、「あんなに自由な女性は、見たことがない。私《わたし》も、自由な女性になりたい」って思いました。

取るに足りない、ささいな出来事でしたが、私《わたし》はこう思うんです。自分の核《かく》となる『自分らしさ』は、その特徴《とくちょう》を伸《の》ばしてくれそうなものに、パッと飛びつくのではないだろうか、と。人間は常に、『自分らしさ』を表現しようとしているのだと、わたしは信じています。

同時に人間は常に、他人に共感してつながろうともしています。人は、誰《だれ》かとつながらないと生きていけませんからね。だから、独房《どくぼう》に監禁《かんきん》されるのは拷問《ごうもん》になるんです。

子どもの頃《ころ》、私《わたし》の両親が唯一《ゆいいつ》絶対の一神論《いっしんろん》にとらわれなかったのは、とても幸運でした。父は宗教《しゅうきょう》やスピリチュアルなものに関心がなかったんです。私《わたし》の母や祖母たちはひとりひとりの個性を認《みと》めたうえで、人間はつながれると信じている人たちでした。おかげで私《わたし》は、親戚《しんせき》のルイーズおばさんのように生きなさい、などと命じられることなく、育ちました。

――あなたの人生や決断を支えている指針《ししん》や哲学《てつがく》はありますか？

ええ、ありますよ。民主主義は、聞くのと同じくらい話し、話すのと同じくらい聞くことで、すぐに実現するとわかっていることですね。これを実践《じっせん》するだけで、その場で民主主義が生まれます。しっかりと聞くこともしっかりと話すことも目的であり手段《しゅだん》ですから。民衆《みんしゅう》主義を継《けい》続《ぞく》するためには、これしかありません。今は、はっきり、そう自覚しています。

でも、民主主義というものは、合理的なプロセスを経なくても生まれるとも思っているんですよ。これは、持論《じろん》なんですけどね。アヒルのような姿《すがた》をしていて、アヒルのように歩き、アヒルのようにクワックワッと鳴く動物でも、見る者が「豚《ぶた》だ」と思えば、豚《ぶた》になる。つまり、相手がどんな人であれ、接した本人が相手のことを、自分らしさを貫《つらぬ》いている人だとか、誠実《せいじつ》な人だとか、自分の知らないことを知っている人だとか感じて、相手に好奇心《こうきしん》を覚えたら、相手の話を聞くのと同じくらい話し、話すのと同じくらい聞くことにつながり、その場で民主主義が誕生《たんじょう》するわけです。好奇心《こうきしん》というのは、本当に素晴《すば》らしい影響力《えいきょうりょく》を持っているんですよ。

＊

自分らしさ、についてひと言。人間は、遺伝《いでん》的要素と環境《かんきょう》的要素の組み合わせで形成されます。過去にも未来にも同じ組み合わせは存在《そんざい》しない、ひとりひとり独自の組み合わせの結果、個性を備えた人間が形成されるわけです。そして人間は、自分の核《かく》となる『自分らしさ』と一致《いっ》《ち》する人間になろうとする。そのためには、違《ちが》いを尊重《そんちょう》し、同質を求めず、ひとりひとりの個性を認《みと》める人々《ひとびと》の存在《そんざい》が絶対に必要です。

その点、私《わたし》の母も、二人の祖母も（「人間は自らの行為《こうい》で、それぞれ、自身の運命を決めていく」と考える）神智学《しんち》を信じていたのは、私《わたし》にとって幸運でした。

神智学《しんち》では「出産」を、「生まれてくる子を愛し、その子が『自分らしさ』を伸《の》ばせるように育てる親となる機会」ととらえています。これは、素晴《すば》らしい哲学《てつがく》です。この哲学《てつがく》に従《したが》えば、親戚《しんせき》のハリーおじさんを見習え、家族と同じように生きろ、などと子どもに強制することはありません。その意味で、私《わたし》は幸運でした。

——聞くことの重要性や、輪になって対話するトーキング・サークルについて話をなさっていますが、あなたにとってトーキング・サークルはどんな意味がありましたか？　なぜ、それほど重要なのですか？

サークル（円形）の重要性について、まず言っておきたいのは、自然界に直線は存在《そんざい》しないということ。国境や、座席《ざせき》の列や、仕切りという概念《がいねん》は、完全に人為《じんい》的なものです。たとえばアフリカでは、町を出て森林地帯に入っていく場合、徐々《じょじょ》に境が消えていくのがわかります。耕作ひとつとっても、円形に耕していくんですよ。アメリカでも円形に土地を耕していれば、土地が浸食《しんしょく》されることはなかったでしょう。サークルやカーブは、とても自然な形なんです。

だから円形の輪になって座《すわ》るだけで、世界観が変わります。対話が始まった時点から、ひとりひとりの声を聞けるとしたら——何を話すにせよ、全員が順番に一度は発言するとしたら——自然と参加することができます。聞いて、話す。それだけで、グループの一員となれるのです。これは、水や空気と同じくらい、大切なことです。

現代では、アメリカでも他の国々《くにぐに》でも、人々《ひとびと》は携帯《けいたい》電話やコンピュータの画面を見る時間がとても増えています。アメリカでは、いまや一日に十時間くらいにまで達しているはずです。このような状態になった八〇年代後半からは、孤独《こどく》と鬱病《うつびょう》と自殺が大幅《おおはば》に増えています。

本来、人間は社会的な動物で、集《つど》う生き物です。だから輪になって座《すわ》り、平等な立場で語り合えば、階層《かいそう》制の現代社会の孤独《こどく》や画面だけを見つめる孤独《こどく》から脱《だっ》し、本来の人間のあり方をとりもどせると思うのです。

携帯《けいたい》電話やコンピュータは、素晴《すば》らしい学びのツールであり、重要です。でも私《わたし》たちは、画面を見て過ごす時間と同じだけの時間を、他人と過ごすべきなのです。

――変化のために闘《たたか》ってきた人間として、聞く力は強力な武器となりましたか？

まず知ってもらいたいのは、人が職業を選ぶのには、その人なりの理由があるということ。私《わたし》はこれまで、ダンサーとライターという二つの職業に就《つ》きました。どちらも、話さなくて済《す》む職業です。社会運動の現状を伝える必要に迫《せま》られて、公《おおやけ》の場で話す機会が増えてきた時、私《わたし》はスピーチの先生の門を叩《たた》いたのですが、その先生にこう言われました。「あなたが過去にその仕事を選んだのは、もちろん、話したくなかったからですよ」

つまり私《わたし》は、聞く力を武器にしたというより、話し続けるのが苦手だから、講演会の半分の時間を聴衆《ちょうしゅう》との対話に割《さ》くようになったんです。

けれどそうすることで、対話のほうがはるかに面白くて、わくわくして、学ぶことがたくさんあるってわかったんですよ。

対話形式の講演会に関しては、今なお、主催者《しゅさいしゃ》と闘《たたか》っています。講演をすることになると、主催者《しゅさいしゃ》は「対話に使う質問を事前にまとめておきたいのですが、講演の内容は、当日まで聴衆《ちょうしゅう》には知らせないでおきますね。そうでないと、話を聞かずに立ち上がり、自分の意見はこうだと、えんえんとしゃべり続ける人が出ますから」って言うんですよ。そういうときは決まって、こう切り返すんです。「あのね、誰《だれ》かが勝手にえんえんとしゃべり続けたら、他の誰《だれ》かが座《すわ》れって止めますよ」

聴衆《ちょうしゅう》を信じて、流れに任せればいいんです。どうなるかはその場次第《しだい》ですが、決して失敗し

社会運動は、川のようなもの。

運動も川も、

以前と全く同じということはない。

ませんから。

――これまでの人生やキャリアにおいて、目標を達成するために最も重要なことは何でしたか？

ひとつ挙《あ》げるとしたら、ライターとして、自分が関心のあることを書かせてもらえたことでしょうね。もちろん、社会運動が盛《さか》んな時代に生きてこられたという幸運もあります。同じ目標のために動く仲間さえいれば、それは運動になるんです。私《わたし》は、絶好のタイミングの時に生きてこられたわけです。

社会運動は、いろいろな意味でチャンスを与《あた》えてくれますよ。自分とは違《ちが》う人から学べますし、学ぶことは山ほどあります。世代に関係なくね。

ある意味、年齢《ねんれい》や世代は、大衆《たいしゅう》を分断するという意味で、他の要素に負けないくらい恐《おそ》ろしいものだと思います。だから私《わたし》たちは、まとまるべき。共にあるべきです。もしあなたが高齢《こうれい》者ならば、もっとひどかった時代を知っているから、希望を持てます。もしあなたが若者《わかもの》なら、もっと良くなるべきだと思うから、烈火《れっか》のごとく怒《おこ》るでしょう。私《わたし》たちには、希望も怒《いか》りも必要です。ならば、たがいに教え合えばいいのです。

＊

ライターになるのは、昔からの夢でした。子どもの頃《ころ》から読書好きでしたし、いろいろな作家に親しんできましたしね。ライターになってからは、自分が関心のあることや、世間に十分広まっていないことをテーマにしようと心がけてきました。だから、ごく自然の成り行きでこうなったんです。幸いにも自分の志《こころざし》を貫《つらぬ》けましたし、ありがたいことに一度も定職に就《つ》かずに済《す》んでいます。昔からずっと、フリーランスなんですよ。もちろん、養わなきゃいけない子どもがいないので、自分の食い扶持《ぶち》だけ稼《かせ》げばいいせいもありますけどね。子どもの頃《ころ》から放浪《ほうろう》の生活を送ってきたので、ひと所にとどまらないフリーランスの生活が性《しょう》に合っているんです。

――本心を語るのは、人として重要な資質だと思いますか？

ええ。アリス・ウォーカー[＊〈ⅳ〉]やロビン・モーガン[＊〈ⅴ〉]の作品を読むと、そう思います。自分はひとりきりじゃない、自分と同じような本心を抱《いだ》き、深めてくれている人がいる、とわかりますからね。ロビン・モーガンは、時々《ときどき》、ものすごく短いフレーズで、本心を語るんです。たとえば、「嫌悪《けんお》は一般《いっぱん》化し、愛情は具体化する」。まさに、言い得て妙《みょう》でしょう？ 自分の本心は、興味や好奇心《こうきしん》、「なるほど」と思うことから見つかるんです。

さらに付け加えさせてもらうと、本心は笑いからも見つかるんですよ。笑いは、まちがいなく、心の開放につながります。声を上げて笑うという行為《こうい》は、誰《だれ》にも強《し》いられることのない感情表現です。恐怖《きょうふ》は、わかりますよね。愛情だって、誰《だれ》かに長期間依存《いぞん》していれば、相手の思うままになってしまいます。相手に過度の愛情を覚えるストックホルム症候群《しょうこうぐん》（訳注《やくちゅう》：一九七三年、ストックホルムの銀行強盗《ごうとう》事件で、時の経過とともに人質が犯人に協力するようになったことに因《ちな》む）のようなものです。けれど笑いは、本人が何かを理解し、他のことを連想し、その二つを結びつけることでしか起こりえないのです。

アメリカ大陸に元々《もともと》存在《そんざい》していた多様な文化も、他の大陸の文化も、笑いの持つ力を知っています。だからこそ笑いを、男でも女でもない様々《さまざま》な精霊《せいれい》として、人格化してきたのです。そういう文化では、笑いがあれば未知の世界へ入っていけると、とらえています。つまり、笑えなければ、未知の世界に入れず、祈《いの》ることもできなくなるのです。

自分にとって大切な事柄《ことがら》は、「よし、これをやるぞ」と、意図的になにかやる時に見つかるものじゃない。いろいろな出来事が重なり合い、なにかに気づいた時に、あっ、これだ、とわかるのです。

——これまでの人生やキャリアを通じて、あなたが学んできた最大の教訓は何ですか？

お金は退屈《たいくつ》、ということ。とても深い意味で、それを学びました。もちろん、食べたり、快適な場所に住んだり、遊びに出かけたりするためのお金は必要です。けれど、「金持ちは、お金を持っているというだけで、面白い人たちだ」という考えは、ただの思いこみ。真っ赤な嘘《うそ》ですよ！　とくに女性は、このことに気づくようになりますね。金持ちの世界にいる男性の元で育った女性は、自分も金持ちの世界に受け入れられることで、それがどれだけ退屈《たいくつ》な世界か、肌《はだ》で感じますから。

私《わたし》だったら、誰《だれ》かが私《わたし》のところにやってきて、私《わたし》が関《かか》わっている運動のおかげで生きていくのが楽になったと言って、体験談を聞かせてくれたら、そっちのほうが金儲《かねもう》けよりもはるかに満足しますね。本当に、うれしくてたまらないですよ。

ハーバード・ビジネス・スクールで、『お金は退屈《たいくつ》』という講義をやりたいですね。『どれだけ稼《かせ》げば満足するのか？』というセミナーもやってみたい。お金を増やすのは素晴《すば》らしいことだなんていうのは、そう思わされているだけです。遺産《いさん》も問題ですね。遺産《いさん》は、人間を駄目《だめ》にします。私《わたし》は相続する財産がなくて、本当に良かったと思います。

食料や住まい、子どもや子どもの教育に頭を悩《なや》ませるのは、もっともなことですし、当然です。けれどそれ以外のことは、はっきり言って意味がありません。経済《けいざい》格差に直面している現代は、とくにそこが問題です。今は、大恐慌《きょうこう》の頃《ころ》よりひどいと思いますよ。ほんの一握《ひとにぎ》りの人間が、莫大《ばくだい》な富を独占《どくせん》しているんですから。「アメリカの失業率は低いじゃないか（訳注《やくちゅう》：本書のインタビューは、新型コロナウイルスが全世界に猛威《もうい》を振《ふ》るう前のもの）」と言う人もいますが、それは二つの職業をかけもちせざるを得ない人が多いから。そうでないと生計を立てられない人が多いからにすぎません。

――過酷《かこく》な試練にさらされた時期や危機《きき》について、教えていただけますか？

私《わたし》にとって過酷《かこく》な試練というのは、自分が認《みと》めている相手や、共に働いている相手から、さまざまな理由で、非難《ひなん》されることですね。まあ、私《わたし》の場合は、逆に賞賛されたらぞっとする相手も大勢いますけどね。もしそんな人たちに褒《ほ》められたら、「うわっ、何をしでかしたんだろう！」って、震《ふる》え上がりますよ。

あとは、同僚《どうりょう》や自分の国の人々《ひとびと》が、いろいろな理由で、無意識のうちに、他人を非難《ひなん》している時ですね。これは、〈ザルの中のカニ症候群《しょうこうぐん》〉と呼《よ》ばれる現象です。〈トールポピー（背《せ》の高いケシの花）症候群《しょうこうぐん》〉（訳注《やくちゅう》：背《せ》の高いケシの花は切られてしまうの意味）とも言いますね。カニがこぞってザルから這《は》い出そうとしている時、上がっていくカニと協力して自分も上がるのではなく、上がっていくカニを引きずりおろす、という意味です。この現象は、いつの時代も、見るに堪《た》えない最大の危機《きき》ですね。

――ご自身が失敗した時や目標を達成できなかった時、どのように対処《たいしょ》してきましたか？

対処《たいしょ》といえるかどうかわかりませんが、私《わたし》は人前で話すのが苦手なせいもあって、過ぎたことを悩《なや》む癖《くせ》があるんです。これが、なかなか抜《ぬ》けないんですよ。今でも、後悔《こうかい》するのは二つだけ。自分が言ったことと、言わなかったことだけです。よくあるリハーサルも悩《なや》みの種ですね。もう一つの悪い癖《くせ》は、たぶん、未来が気になって仕方ないことでしょうね。常に自分に問いかけているんですよ。「もしあれをやったら、ひょっとして、あれが実現する？」って。人は現在しか生きられず、未来がどうなるかまではわかりません。だからよけい、気になるんです。死の間際《まぎわ》まで「でも、もし、あれを……」って言ってるんじゃないかって、少し心配しているんですよ。

――あなたにとって、リーダーシップとは？

リーダーシップとは、模範《もはん》ですね。人は、誰《だれ》かに言われたことより、実際に自分の目で見たことのほうが、はるかに強い影響《えいきょう》をうけます。だから自分がやりたいと思っていたことを実際にやり遂《と》げていたり、自分がうすうす感じていたことをはっきり理解していたりする人を見ると、その人にリーダーシップを感じるものです。特に、相手に自分を重ねて共感できる場合は、その傾向《けいこう》が強いですね。

女性は女性にしか共感できないとか、黒人は黒人にしか共感できないとか、そういうわけではありませんが、自分に似ている人がいない場合は難《むずか》しい。自分と似ている人や、自分がやりたいと思っていたことをすでにやり遂《と》げている人は、どこかにいるものです。そのことは、知っておいてもらいたいですね。

リーダーシップと聞いて、私《わたし》がまず思い浮《う》かべるのは、ウィルマ・マンキラーです。ウィルマはそこにいるだけで、人を虜《とりこ》にするんですよ。自分らしさを貫《つらぬ》いていたし、大真面目《おおまじめ》ないっぽう、大笑いもするし、すべてそろっていました。とても誠実《せいじつ》な人でしたね。

あとは、アリス・ウォーカー。その作品と生き方に、リーダーシップを感じます。

ガンジー（訳注《やくちゅう》：マハトマ・ガンジー。一八六九～一九四八。インド独立の父）も思い浮《う》かぶのですが、ガンジーの組織戦術（訳注《やくちゅう》：インドの独立運動を「非暴力と不服従《ふくじゅう》」という戦術で展開《てんかい》した）は実は女性の組織戦術を手本にしていたって知ったんです。インドに住んでいた時、ガンジーの同僚《どうりょう》だったカマラデヴィ・チャトパディヤイ*〈vi〉という、とても有名な素晴《すば》らしい女性に会いに行ったことがありましてね。当時、私《わたし》は友人と共に、ガンジーの戦術を小冊子《さっし》にまとめようとしていました。世界中の女性組織の役に立つだろうと思ったんです。すると、カマラデヴィは私《わたし》たちの話を辛抱《しんぼう》強く聞いてから、こう言いました。「あのね、ガンジーには、私《わたし》たちが全て教えたのよ」って。面白いですよね。

「私《わたし》は、強い精神力を持つ死者たちを崇拝《すうはい》していた。実は自分の精神力も強かったのに、そのことは忘《わす》れていた」と言ったのは、たしかヴィタ・サックヴィル・ウェスト*〈vii〉だったと思います。ガンジーの例を見てもわかるように、時として他人の何かに惹《ひ》かれても、その何かは、実は自分の中にもあるということです。

＊

実のところ、

現在の行動のどれが将来《しょうらい》を形作るのかは、

わからない。

けれど、

すべての行動が将来《しょうらい》につながると思って、

行動するべきだ。

本当にそうなるかもしれないのだから。

話題がそれますが、他にも言いたいことがあります。学校では教えないけれど、だんだんわかってきたことがあるんですよ。それは、ヨーロッパ人がやってくる前、アメリカ大陸には約五百種類の言語と文化が存在《そんざい》していて、医術や技術、政治の面で、並外《なみはず》れて優《すぐ》れていたということ。アメリカの憲法《けんぽう》だって、イロコイ連邦《れんぼう》（訳注《やくちゅう》：アメリカ大陸の先住民の六部族によって設立された、連邦制《れんぼうせい》を採用している部族国家）のイロコイ族の思想が反映《はんえい》されていますからね。イロコイ連邦《れんぼう》は、現在まで続く、世界最古の民主社会です。

要するに、アメリカ大陸には元来、洗練《せんれん》された数多くの文化が存在《そんざい》していた。そこへ突然《とつぜん》、ヨーロッパ人がなだれこみ、英語を持ちこみ、植民地として支配したうえ、原住民には免疫《めんえき》のない疾病《しっぺい》を持ちこんだ、というわけです。そして何世代にもわたって大量殺戮《さつりく》が繰《く》り返され、それまでの歴史が排除《はいじょ》された。何世代もの先住民の子どもたちが捕《と》らえられ、それまで話していた独自の言語を禁じられたうえ、醜悪《しゅうあく》な寄宿学校に追いやられ、性的虐待《ぎゃくたい》を加えられた。もう、とにかく、おぞましいのひと言に尽《つ》きます。

私《わたし》はウィルマ・マンキラーやレベッカ・アダムソン*〈viii〉など、先住民族の子孫の女性たち、時には男性たちにも、「よく耐《た》えられたわね。本当に、よく耐《た》えられたわね」と、しょっちゅう言ってましたね。そうすると、決まって「耐《た》えられたからこそ、まだ、こうして生きているのよ」という答えが返ってきたものです。

文化は、なぜ消滅《しょうめつ》したのか？　どのようにして消滅《しょうめつ》するのか？　はるか昔、記録のない紀元前の文化が消滅《しょうめつ》した理由は確実にはわかりませんが、地球に隕石《いんせき》が衝突《しょうとつ》し、空前の大惨事《さんじ》が発生して起きたとされる、数々《かずかず》の大洪水《こうずい》伝説は実は事実で、地球規模《きぼ》の自然災害で消滅《しょうめつ》したのかもしれません。馬を使うことを覚え、これまでになく速く移動できるようになったことが、原子爆弾《ばくだん》に匹敵《ひってき》する影響力《えいきょうりょく》を及《およ》ぼした結果ということも考えられます。そして、ヨーロッパ。ヨーロッパの場合、古代ローマで家父長制が広まったせいで、女性をただの生殖《せいしょく》道具と見なすようになった影響《えいきょう》がありますね。

その後、すさまじい人口過剰《かじょう》に見舞《みま》われたヨーロッパは、どうしたか？　ヨーロッパは他国の侵略《しんりゃく》に乗り出し、それを正当化する理由として、人種差別という概念《がいねん》を編み出しました。「この人々《ひとびと》は我々《われわれ》よりも劣《おと》っているから、殺してもかまわない」という論理《ろんり》です。たとえば第二代ベルギー国王のレオポルド二世*〈IX〉は、南アフリカのコンゴの先住民の半数を虐殺《ぎゃくさつ》しました。

一神論《いっしんろん》の布教についても言いたいことがあります。

現代まで脈々《みゃくみゃく》と受け継《つ》がれている古来のスピリチュアルの概念《がいねん》では、すべての生き物に神が宿るととらえています。一神論《いっしんろん》では神を唯一《ゆいいつ》絶対の存在《そんざい》に据《す》えていますが、ナイル川へ旅をし、古い歴史を持つヌビア（訳注《やくちゅう》：エジプト南部アスワンからスーダンにかけての地方の名称《めいしょう》）からカイロまでたどり、古代の彫刻《ちょうこく》を見れば、古来のスピリチュアルの概念《がいねん》が一目でわかります。ナイル川沿《ぞ》いの最古の歴史を誇《ほこ》る地域《ちいき》では、あらゆるものが神になっているんですよ。ヘビ、チョウ、パピルス（訳注《やくちゅう》：ナイル川沿岸《えんがん》に自生する草。古代エジプトではそれから紙を作った）といった自然のものや、男も女も、すべてです。

ところが一千年後には、自然界の神は以前ほど見られなくなりました。そして、女神《めがみ》は息子《むすこ》を産みますが、娘《むすめ》を産まなくなりました。さらに一千年後にはその傾向《けいこう》が強まり、息子《むすこ》は成長して神となり、女神《めがみ》はその神の玉座《ぎょくざ》を守る存在《そんざい》となりました。順々《じゅんじゅん》にたどっていくだけで、そういう変化がわかるのです。エジプト学の学者のヘンリー・ブレステッド*〈X〉は、こう書いています。「女性と自然が神でなくなったのは、女性と自然を征服《せいふく》できるようにするためだった」だから私《わたし》は、（キリスト教のような）一神論《いっしんろん》は問題の解決策《かいけつさく》どころか、問題そのものだと本気で思っています。植民地主義がはびこった要因の一つは、剣《けん》と聖書《せいしょ》。人々《ひとびと》の肉体はもちろん、精神をも支配しようとしたのです。

宗教《しゅうきょう》を通してコミュニティを作ったり、宗教《しゅうきょう》に真実や救いを見出したりする人はいない、などと言うつもりはありません。けれど、男性のみが神だったり、特定の人種に限られていたりするのは、絶対におかしい。なぜイエス・キリストは、中東のど真ん中でも、金髪《きんぱつ》で碧眼《へきがん》なんです？　どう考えても、おかしいですよ。

――今、世界で、もっとも必要なことは何だと思いますか？

二つあるんですが、どちらにしようか、迷いますね。一つは、五感をもっとフル活用して、人と会うこと。もう一つは、事実を確認《かくにん》をする大々的《だいだい》なシステムが必要なことです。

インターネットと広告は結びついていますよね。広告の主眼は、正確性ではなく、大衆《たいしゅう》の注目度。もし広告がなかったら、ドナルド・トランプは大統領にならなかったでしょう。事実、大統領選では、六百万票の差で負けていたんです。こんな事態を招いた選挙人団（訳注《やくちゅう》：間接選挙となるアメリカ大統領選で、大統領と副大統領を選出する選挙人たち）は、廃止《はいし》するべきですよ。そもそも、奴隷《どれい》制度の州だけが求めた制度（訳注《やくちゅう》：奴隷《どれい》は五分の三人、のちに四分の三人とみなして人口に計上したうえで選挙人の分配に反映《はんえい》させた）なんですから。

トランプは、あの下劣《げれつ》なリアリティ番組に出演しなかったなら、ただの無名の人だったはずです。あのテレビ番組が人気だったのは、道端《みちばた》の事故を見ているようなものだったから。実際、番組関係者のひとりは、「ドナルド・トランプはこの国にとっては有益でないかもしれないが、NBCには有益だ」と言っていました。

とにかく、事実を確認《かくにん》する大々的《だいだい》なシステムが必要です。それと、自分が見るメディアの費用は、広告主に全て払《はら》わせるのではなく、自分で負担《ふたん》するべきです。

トランプは、自己愛《じこあい》性パーソナリティ障害《しょうがい》の最たる例です。行動は、すべて予測がつきますよ。ほんのささいな批判《ひはん》にも敵意むき出しで食ってかかるし、称賛《しょうさん》ならどんなものでも諸手《もろて》を

変化は、まちがいなく、

ボトムアップで起こるもの。

女子と女性と男性が起こすことになるでしょう。

人間を性別で分類するのではなく、

同じ人間だと認《みと》めるのは、

自分たちにとっても良いことだと理解している

女子と女性と男性が、変化を起こすのです。

こうすべき、なんて決まりはない。

やりたいことは、なんでもしてかまわないのよ。

お金をどう使おうと、誰《だれ》に投票しようと、

どんな言葉を使おうとかまわない。

不公平に扱《あつか》われていると感じたら、

はっきりそう言えばいい。

そんな機会は、毎日ごまんとあるはずよ。

不公平だと感じた時に、

相手を見て『私《わたし》は、やりたいようにやる』

と言うのではなく、

相手を見上げて『私《わたし》、どうしたらいい？』

なんて尋《たず》ねるとしたら、それは危《き》険《けん》ね。

あげて受け入れる。この二つさえわかっていれば、トランプの行動はすべて予測できます。あの人は、まともじゃありません。なぜトランプに投票したのかという質問に、優秀《ゆうしゅう》なビジネスマンだから、という回答が最も多かったのですが、ビジネスマンとしても最悪ですよ。トランプが遺産《いさん》を全額、投資に回していれば、今頃《いまごろ》は、はるかに金持ちになっていたはずです。

＊

いずれにせよ、重要なのは、私《わたし》たちはそれぞれユニークだけれど同じ人間だと理解すること。それと、家族が全ての根源《こんげん》だと理解することですね。暴力が日常茶飯事《にちじょうさはんじ》の家庭で育てば、暴力を当たり前だと思うようになってしまう。そうなれば、暴力の芽を摘《つ》むのは難《むずか》しくなります。家庭内に階層《かいそう》（地位の上下）が存在《そんざい》し、男は皿洗《さらあら》いなどしなくて良く、暴力を振《ふ》るっても良いなどということになれば、その考えはあらゆるところに反映《はんえい》されていくのです。

コンピュータの長所の一つは、暴力の悪《あ》しき影響《えいきょう》を証明できるようになったことです。ある国家が、路上で暴力をふるうとか、他国を軍事侵略《しんりゃく》するとか、そういった国内外で暴力的な国家になるかならないかを決める、唯一《ゆいいつ》で最大の決定要因は、貧困《ひんこん》でも、天然資源《しげん》の有無《うむ》でも、民主主義の成熟度《せいじゅくど》でも、宗教《しゅうきょう》でもありません。それは、女性に対する暴力です。女性の命は男性の命よりも尊《とうと》い、などと言っているのではありません。家父長制の社会と、男性にはない〝子宮〟と生殖《せいしょく》を支配することが、女性に対する暴力なのです。

人類の半分（男性）が、暴力を振《ふ》るったり、振《ふ》るうぞと脅《おど》したりするだけで、人類のもう半分（女性）を支配できる。それが家庭内で行われていれば、男性が女性を支配するのは当然だと思うようになります。この状況《じょうきょう》は、ニュースでわざわざ報道されなくても、そこらじゅうで目にすることができます。たとえばテロリスト集団を見れば、男女差別が著《いちじる》しいことがわかるし、民主的で平和な集団を見れば、男女差別の度合いがはるかに低いことがわかります。

そういうことを学べれば、日々《ひび》の生活の糧《かて》になると思います。日々《ひび》どう生きるべきか、どんな家庭にするべきか、子どもをどう教育するか、ユニークな個性をどう受け止めたらいいか、わかるからです。相手にああしろ、こうしろ、と一方的に話すだけでなく、相手の話にきちんと耳を傾《かたむ》ける姿勢《しせい》を身に付ければ、さらに平和で大きな世界をひらく芽になるのです。

――二十歳《はたち》だった頃《ころ》の自分にアドバイスするとしたら？

それは難問《なんもん》ですよ。二十歳《はたち》の自分がちゃんと聞くかどうか、わかりませんからね！　アドバイスは、シンプルに二つ。一つは、この先も大丈夫《だいじょうぶ》よ、ということ。もう一つは、人生何が起こるかわからないんだから、成り行きを楽しみなさい、ということね。

――最後にひと言、お願いします。

人為《じんい》的な男女差別や人種差別は、今なお、この国に蔓延《まんえん》しています。難民《なんみん》を恐《おそ》れるのも、自分とは違《ちが》う存在《そんざい》への偏見《へんけん》に基づいているからです。

リーダーは男女比を一対一にすべし、と義務化すれば、まだましになるかもしれませんが、こんな例があります。インド政府は統治システムの一環《いっかん》として、村レベルでリーダーの男女同数を実現しようとしたのですが、その結果、男性は全員テーブルにつき、女性は全員立っているというような、冗談《じょうだん》としか思えない光景がたびたび繰《く》り広げられました。男性陣《だんせいじん》が、発言を許されない自分の妻を連れてきただけだったのですから。

女性が、権力《けんりょく》の座《ざ》にある男性の声を代弁するのではなく、自分の意見を言えるかどうか。すべては、そこにかかっています。もちろん、男性と女性に能力の差があるなんて意味じゃないですよ。男性も女性も、同じ人間ですからね。でも女性だって、色々《いろいろ》な経験を重ねているんです。そもそも女性は、支配や権力《けんりょく》のトップの座《ざ》をめざす男性のような育てられ方をしていない。女性は子どもを育てたり、家族を守ったりすることに軸《じく》を置きがちなんです。その視点《してん》は、社会にとても役に立ちますよ。

グロリア・スタイネムについて

グロリア・スタイネムは、アメリカのライター、講演家、フェミニスト活動のオーガナイザーで、男女平等問題に関し、メディアで頻繁《ひんぱん》に解説している。一九三四年三月二十五日、オハイオ州トレド生まれ。スミス・カレッジ卒業後、研究奨学金《しょうがくきん》を使ってインドで二年間過ごし、著作《ちょさく》活動に励《はげ》んだ後、一九六三年、ニューヨークの〈プレイボーイクラブ〉にバニーガールとして潜入《せんにゅう》取材を強行し、『ショー』誌《し》に発表したルポルタージュで脚光《きゃっこう》を浴び、フリーランスのライターとしての地位を確立した。

一九六八年、『ニューヨーク』誌《し》を共同創刊《そうかん》し、政治コラムや特集記事を担当《たんとう》。一九七二年には画期的なフェミニスト雑誌《ざっし》『ミズ』を共同創刊《そうかん》し、現在も顧問《こもん》エディターを務める一方、『ニューヨーク・タイムズ・マガジン』『コスモポリタン』『ガーディアン』『エスクァイア』といったアメリカを代表する雑誌《ざっし》や国際的な新聞に投稿《とうこう》し続けている。ジャーナリストとしてのキャリアを認《みと》められ、ペニー・ミズーリ・ジャーナリズム賞、ウィメンズ・スポーツ・ジャーナリズム賞、米国プロフェッショナル・ジャーナリスト協会よりライフタイム・アチーブメント・イン・ジャーナリズム賞、国連より国連作家協会賞、ジェームズ・ウェルドン・ジョンソン・メダル・フォア・ジャーナリズム、二〇一五年のリチャード・C・ホルブルック功績賞など、数多くの賞を受賞している。

スタイネムはオーガナイザーとして、女性行動連盟《れんめい》、全国女性政治リーダー会議、女性メディア・センター、女性のためのミズ財団、娘《むすめ》を職場に連れて行く日など、女性の平等な権利《けんり》獲得《かくとく》を目的とする様々《さまざま》な組織の設立に貢献《こうけん》した。中絶賛成派《は》であることを公言し、中絶賛成派《は》を政治に送り出す政治団体VFC（Voters for Choice）や、中絶賛成派《は》の若手《わかて》リーダーを支援《しえん》するChoice USA（現在はURGE: Unite for Reproductive & Gender Equity）を共同創設《そうせつ》した。人種差別撤廃《てっぱい》を目的とする南アフリカ、ブラジル、アメリカの共同プロジェクトThe Beyond Racism Initiative（人種差別を乗りこえて）のメンバーであり、人権《じんけん》を守る活動（Equality Now）、女性運動の資金を集める団体（Donor Direct Action）、アフリカの貧困《ひんこん》問題に取り組む団体（Direct Impact Africa）の創設《そうせつ》を支援《しえん》した。

スタイネムは、Revolution from Within（『ほんとうの自分を求めて』中央公論社《ちゅうおうこうろんしゃ》、一九九四年）、Moving Beyond Words（二〇一二年、未訳《やく》）、Outrageous Acts and Everyday Rebellions（『プレイボーイ・クラブ潜入記《せんにゅうき》』三笠書房《みかさしょぼう》、一九八五年）、ニューヨーク・タイムズのベストセラーリスト入りを果たした My Life on the Road（二〇一五年、未訳《やく》）など、数多くの著作《ちょさく》を出版してきた。また、女性への暴力、児童虐待《ぎゃくたい》、死刑《しけい》など、政治的な社会問題に焦点《しょうてん》を合わせた映画《えいが》やドキュメンタリーをプロデュースし、自身も三本のテレビドキュメンタリー番組で取り上げられている。

スタイネムは先に挙げた賞の他にも、国連メダル、大統領自由勲章《くんしょう》、社会正義博士号、南カルフォルニア米国自由人権《じんけん》協会の権利章典賞《けんりしょうてん》など、数多くの栄誉賞《えいよしょう》を受賞した。現在は、ニューヨークを拠点《きょてん》に活動している。

プロジェクトについて

「真のリーダーは、緊張《きんちょう》を和《やわ》らげることに注力しなければならない。細やかな配慮《はいりょ》を要する複雑な課題にとりくんでいる時はとくにそうだ。過《か》激《げき》な勢力が力を伸《の》ばすのは社会が緊張《きんちょう》状態にある時が多く、感情にまかせれば合理的に考えられなくなる」

——ネルソン・マンデラ

このシリーズは、ネルソン・マンデラの生涯《しょうがい》に着想を得て、現代の影響力《えいきょうりょく》をもつリーダーたちが真に重要と考えていることを記録し、共有するために編まれました。

このシリーズは、ネルソン・マンデラ財団のプロジェクトとして、その思想や価値観《かちかん》、業績によって人々《ひとびと》を助け、奮《ふる》いたたせている六人の傑出《けっしゅつ》した多彩《たさい》なリーダーたち——男女三人ずつ——との五年にわたる独自インタビューによって構成されています。

この書籍《しょせき》の販売《はんばい》から得られた原著《げんちょ》者への著作権《ちょさくけん》料は、国際連合の年次評価によって定義されるすべての開発途上国《とじょうこく》、または市場経済《けいざい》移行国における翻訳《ほんやく》、ならびに本シリーズの内容にもとづく映画《えいが》、書籍《しょせき》、教育プログラムを無償《むしょう》で閲覧《えつらん》する権利《けんり》を支援《しえん》するために用いられます。

iknowthistobetrue.org

企《き》画《かく》・制作

「良い頭と良い心は、つねに最強の組み合わせだ」
――ネルソン・マンデラ

グロリア・スタイネムと、このプロジェクトのために惜《お》しみなく時間を割《さ》いてくれた、我々《われわれ》の励《はげ》みとなるすべての寛大《かんだい》な指導者たちに、心より感謝します。

ネルソン・マンデラ財団
Sello Hatang, Verne Harris, Noreen Wahome, Razia Saleh and Sahm Venter

ブラックウェル&ルース
Geoff Blackwell, Ruth Hobday, Cameron Gibb, Nikki Addison, Olivia van Velthooven, Elizabeth Blackwell, Kate Raven, Annie Cai and Tony Coombe

私《わたし》たちは、世界中の社会の利益のために、マンデラが遺《のこ》した稀有《けう》な精神を広める一助となることを願っています。

フォトグラファーより

本書の肖像《しょうぞう》写真は、未熟者《みじゅくもの》の私《わたし》を指導し、手助けしてくれた、ブラックウェル&ルースの才能豊かなデザインディレクター、キャメロン・ギブが率いるチームの力《ちから》添《ぞ》えのたまものです。

私《わたし》はずっと、プロジェクトのどれかの写真を自分ひとりで撮《と》りたいと思っていました。撮《と》れると、うぬぼれていたといってもいいでしょう。しかし多くの試行と、かなりの錯誤《さくご》を重ねるうちに、キャメロンの惜《お》しみない指導と気配りがなければ、本シリーズの肖像《しょうぞう》写真はとうてい撮《と》れなかったことを思い知りました。

——ジェフ・ブラックウェル

ネルソン・マンデラについて

ネルソン・マンデラは一九一八年七月十八日、南アフリカ共和国、トランスカイに生まれた。一九四〇年代前半にアフリカ民族会議（ＡＮＣ）に加わり、当時政権《せいけん》を握《にぎ》っていた国民党《こくみんとう》のアパルトヘイト（人種隔離政策《かくりせいさく》）への抵抗《ていこう》運動に長年携《たずさ》わる。一九六二年八月に逮捕《たいほ》され、その後の二十七年を超《こ》える獄中《ごくちゅう》生活のあいだ、反アパルトヘイト運動を推進《すいしん》するための強力な抵抗《ていこう》のシンボルとして着実に評価が高まっていった。一九九〇年に釈放《しゃくほう》されると、一九九三年にノーベル平和賞を共同受賞、一九九四年には南アフリカ初の民主的選挙によって選ばれた大統領となる。二〇一三年十二月五日、九十五歳《さい》で死去。

ネルソン・マンデラ財団について

ネルソン・マンデラ財団は、一九九九年、ネルソン・マンデラが大統領を退任したのちに、その後の活動拠点《きょてん》として設立された非営利団体です。二〇〇七年、マンデラはこの財団に、対話と記《き》憶《おく》の共有を通じて社会正義を促進《そくしん》する役割《やくわり》を賦与《ふよ》しました。

財団の使命は、公正な社会の実現に寄与《きよ》するために、ネルソン・マンデラの遺志《いし》を生かし、その生涯《しょうがい》と彼《かれ》が生きた時代についての情報を広く提供《ていきょう》し、重要な社会問題に関する対話の場を設けることにあります。

当財団は、その事業のあらゆる側面にリーダーシップ養成を組み入れる努力をしています。

nelsonmandela.org

注・出典

*〈i〉 ルイーザ・メイ・オルコット(1832-88)アメリカの小説家。『若草物語』の著者。

*〈ii〉 ウィルマ・パール・マンキラー(1945-2010)チェロキー族の活動家、ソーシャルワーカー。チェロキー・ネーション初の女性首長。

*〈iii〉 レイナ・ダイアン・グリーン(1942年生まれ)作家、人類学者。スミソニアン協会が運営する国立アメリカ歴史博物館のキュレーターであり、アメリカ先住民プログラムの責任者でもある。

*〈iv〉 アリス・ウォーカー(1944年生まれ)アメリカのフェミニスト、社会運動家。全米図書賞とピュリッツァー賞を受賞した『The Color Purple』(邦訳「カラーパープル」集英社、1986年)の著者。

*〈v〉 ロビン・モーガン(1941年生まれ)アメリカの詩人、作家、活動家。『ミズ』の編集者。

*〈vi〉 カマラデヴィ・チャトパディヤイ(1903-88)インドの社会運動家、フェミニスト。インド独立運動に関わった。

*〈vii〉 ヴィタ・サックヴィル・ウェスト(1892-1962)イギリスの詩人、小説家。『Portrait of a Marriage』(邦訳「ある結婚の肖像—ヴィタ・サックヴィル・ウェストの告白」平凡社、1992年)の著者。

*〈viii〉 レベッカ・アダムソン(1950年生まれ)チェロキー族出身。先住民の権利を擁護する活動をしている。First Nations Development Institute および First Peoples Worldwide の創設者。

*〈ix〉 第二代ベルギー国王、レオポルド二世(1835-1909)1885年にコンゴ自由国(現・コンゴ民主共和国)を設立。統治中はコンゴ人に対する数々の拷問や残虐行為、殺人を行い、数百万人もの死者を出した。

*〈x〉 ジェームズ・ヘンリー・ブレステッド(1865-1935)アメリカの考古学者、エジプト学の学者、歴史学者。

*1 グロリア・スタイネム著『My life on the Road(「我が路上の人生」未訳)』(Random House, an imprint and division of Penguin Random House LLC, New York, USA, 2015), p. xix.

*2 グロリア・スタイネム著『論説:時間をかけて協力を』アドボケート誌 2013年10月2日

*3 グロリア・スタイネム著『My life on the Road(「我が路上の人生」未訳)』(Random House, an imprint and division of Penguin Random House LLC, New York, USA, 2015), p. 39.

*4 グロリア・スタイネム著『Far From the Opposite Shore: How to Survive Though a Feminist(「対岸は遥か向こう:フェミニストなのに生き残るには」)』Ms. Magazine, July 1978, p. 65.

Pages 7, 11, 14, 37, 55: My Life on the Road by Gloria Steinem, copyright © 2015 by Gloria Steinem, used by permission of Random House, an imprint and division of Penguin Random House LLC, all rights reserved, and reproduced with permission of the Licensor through PLSclear; pages 11, 45: "Op-ed: On Working Together Over Time", Gloria Steinem, Advocate, 2 October 2013, advocate.com/commentary/2013/10/02/op-ed-working-together-over-time; page 15: "Far From the Opposite Shore: How to Survive Though a Feminist", Gloria Steinem, Ms. Magazine, July 1978, issue no. 65; pages 19-21: a talk given by Gloria Steinem at the National Press Club in Washington, D.C., USA, on 19 November 2013. Full text appears in the Winter/Spring 2014 issue of Ms. Magazine, msmagazine.com/2015/03/21/our-revolution-has-just-begun; page 23: Gloria Steinem 2017 Women's March speech, Washington, D.C., USA, 21 January, 2017; page 61: "Interview with Gloria Steinem on Equality, Her New Memoir and More", Marianne Schnall, Feminist.com, feminist.com/resources/artspeech/interviews/gloriasteineminterview; page 65: "Gloria Steinem's Advice for the Next Generation of Feminists is a Must-Read for Our Time", Mary Wang, Vogue, 14 October 2017, copyright © Conde Nast; pages 74, 76: Nelson Mandela by Himself: The Authorised Book of Quotations edited by Sello Hatang and Sahm Venter (Pan Macmillan: Johannesburg, South Africa, 2017), copyright © 2011 Nelson R. Mandela and the Nelson Mandela Foundation, used by permission of the Nelson Mandela Foundation, Johannesburg, South Africa.

I Know This to Be True: Gloria Steinem

Edited by Geoff Blackwell and Ruth Hobday

Acknowledgements for permission to reprint previously published
and unpublished material can be found on page 86.

Japanese translation rights arranged with CHRONICLE BOOKS
through Japan UNI Agency, Inc., Tokyo

Produced and originated by Blackwell and Ruth Limited
Suite 405, Ironbank,150 Karangahape Road Auckland 1010, New Zealand
www.blackwellandruth.com

NELSON MANDELA
FOUNDATION
Living the legacy

ジェフ・ブラックウェル&ルース・ホブデイ

ジェフ・ブラックウェルは、ニュージーランドを拠点に、書籍やオーディオブックの企画・制作、展示企画、肖像写真・映像を手掛けている、ブラックウェル&ルース社のCEO。編集長のルース・ホブデイと組んで、40ヵ国の出版社から本を出版している。

橋本恵
はしもとめぐみ

翻訳家。東京生まれ。東京大学教養学部卒業。訳書に「ダレン・シャン」シリーズ、「デモナータ」シリーズ（以上、小学館）、「アルケミスト」シリーズ（理論社）、「カーシア国3部作」（ほるぷ出版）、『ぼくにだけ見えるジェシカ』（徳間書店）、『その魔球に、まだ名はない』『スアレス一家は、今日もにぎやか』（あすなろ書房）などがある。

信念は社会を変えた！
グロリア・スタイネム

2020年11月30日　初版発行

編者　ジェフ・ブラックウェル&ルース・ホブデイ
訳者　橋本恵
発行者　山浦真一
発行所　あすなろ書房
〒162-0041 東京都新宿区早稲田鶴巻町551-4
電話 03-3203-3350（代表）
印刷所　佐久印刷所
製本所　ナショナル製本

ISBN978-4-7515-3005-4 Printed in Japan

日本語版デザイン／城所潤＋大谷浩介（ジュン・キドコロ・デザイン）